AF573474

LA RÉFORME DU CERTIFICAT D'ÉTUDES

Arrêté ministériel du 29 décembre 1891.

L'ANNÉE DU CERTIFICAT D'ÉTUDES

PUBLIÉE SOUS LA DIRECTION DE

CHARLES DUPUY

Agrégé de l'Université, Ancien inspecteur d'Académie, Vice-recteur honoraire, Ancien ministre de l'Instruction publique, Député de la Haute-Loire.

LIVRET d'Économie politique

par M. É. GANNERON

Secrétaire-rédacteur au Sénat.

QUESTIONS — RÉSUMÉS — SUJETS DE RÉDACTION

L'Opuscule du Maître............... » 30

ARMAND COLIN ET Cie, ÉDITEURS

5, RUE DE MÉZIÈRES, PARIS

1894

AVIS

L'arrêté ministériel du 29 décembre 1891 a modifié l'épreuve de la rédaction exigée des candidats au Certificat d'études primaires. Le sujet de la rédaction, au lieu d'être, comme précédemment, un récit, une lettre, etc., sera choisi par l'Inspecteur d'Académie parmi les matières suivantes : instruction morale, instruction civique, histoire, géographie, notions élémentaires de sciences avec leurs applications à l'agriculture et à l'hygiène.

Pour aider maîtres et élèves à répondre aux exigences de l'arrêté ministériel, nous leur offrons, sous le nom de « livrets », des répertoires qui faciliteront la revision des matières énumérées ci-dessus ainsi que des autres matières obligatoires de l'Enseignement primaire.

L'enfant qui possédera le contenu de nos « livrets » ne risquera pas de rester court dans l'épreuve de la rédaction : il aura à sa disposition les idées et, au besoin, les termes propres à le guider et à le soutenir. Il sera d'ailleurs déjà préparé et muni par l'étude des manuels spéciaux que nous ne prétendons pas remplacer, mais dont nous voulons seulement faciliter la récapitulation[1].

Chaque « livret » comprend un questionnaire, des résumés et des sujets ou sommaires de rédaction dont l'*Opuscule du Maître* présentera le développement.

Nous avons fait la part de la mémoire et du jugement : le questionnaire aidera la première, les résumés et les sommaires exerceront le second.

Des tableaux muraux complètent nos « livrets ». Ces tableaux placeront sous les yeux des enfants les idées et les termes essentiels dans lesquels se résument les matières visées par l'arrêté ministériel.

CHARLES DUPUY.

1. *Même librairie.* ÉMILE GANNERON. — **La Première année d'Économie politique.** » »

Arrêté ministériel du 29 décembre 1891.

Le § 3 de l'arrêté du 18 janvier 1887 (rédaction d'un genre simple) est complété comme suit :

« ... Une **rédaction** d'un genre simple portant, suivant un choix à faire par l'Inspecteur d'Académie, sur l'un des trois objets ci-dessous :

1° L'**Instruction morale** ou **civique** ;

2° L'**Histoire** et la **Géographie** ;

3° Des **Notions élémentaires de sciences** avec leurs applications à l'**Agriculture** et à l'**Hygiène**. »

LIVRET D'ÉCONOMIE POLITIQUE

I. — L'ÉCONOMIE POLITIQUE

1. Quel est le but de l'*économie politique?*

L'**économie politique** a pour but de nous faire connaître les lois qui règlent la *production* des richesses, leur *distribution*, leur *circulation* et leur *consommation*.

2. Qu'entendez-vous par *richesses?*

J'entends par **richesses** les objets, quelle que soit leur nature, propres à satisfaire les besoins de l'homme.

3. Quels sont les *besoins de l'homme?*

Les **besoins de l'homme** sont de *nourrir* son corps, de le *couvrir*, de l'*abriter* et de *développer son esprit*.

4. Quels *moyens* l'homme emploie-t-il pour *produire les richesses?*

Pour **produire les richesses**, l'homme emploie les *agents naturels*, le *travail* et le *capital*.

5. Qu'appelez-vous *agents naturels?*

J'appelle **agents naturels** tout ce que la nature fournit à l'homme : la *terre*, l'*atmosphère*, les *chutes d'eau*, la *chaleur*, etc.

6. Qu'entendez-vous par *travail?*

J'entends par **travail** le *travail de l'homme*, qu'il s'agisse du travail de ses bras ou du travail des machines.

7. Qu'est-ce que le *capital?*

Le **capital** consiste dans une certaine quantité de *richesses*, que l'on met de côté, et dont on se sert ensuite pour *développer la production.*

8. Le capital peut-il *exister* sous *différentes formes ?*

Oui, le **capital** peut être représenté par de la *monnaie* (or, argent, billets de banque) ; par des *valeurs mobilières* (actions, obligations) ; par des *machines*, par des *bâtiments*, par du *bétail*, etc.

9. Quel est le *plus important* des trois éléments de la production de la richesse : agents naturels, travail, ou capital?

Le plus important des trois éléments de la production est le **travail,** car c'est lui qui utilise les *agents naturels* et qui produit le *capital.*

10. Quel est le *stimulant* le plus énergique du travail?

Le *stimulant* le plus énergique du travail est la **propriété individuelle et transmissible**.

RÉSUMÉ

1. **L'économie politique** est la science des lois qui règlent la production des richesses, leur distribution, leur circulation et leur consommation.

2. Les *richesses* sont les objets

propres à satisfaire les besoins de l'homme.

3. Pour produire les richesses, l'homme emploie les *agents naturels*, le *travail* et le *capital.*

4. Le plus important des trois éléments de la production est le **travail**.

5. Le plus énergique stimulant du travail est la **propriété individuelle et transmissible.**

II. — DE LA DISTRIBUTION DES RICHESSES.

1° La propriété.

11. Qu'est-ce que la *propriété individuelle ?*

La **propriété individuelle** est la possession par une personne d'une certaine quantité de *richesses* dont elle peut faire tel usage qu'il lui convient.

12. Comment la propriété individuelle est-elle *transmissible ?*

La propriété individuelle est **transmissible** par *échange*, par *succession*, par *testament*, par *libéralité.*

13. Pourquoi dites-vous que la propriété individuelle est le plus *énergique stimulant* du travail ?

Je dis que la *propriété individuelle* est le plus énergique **stimulant du travail,** parce qu'en vue de se la procurer, le travailleur déploiera toute son intelligence, ce qu'il ne ferait certainement pas si les produits de son travail appartenaient à tout le monde.

14. Est-il nécessaire que la propriété soit *transmissible ?*

Il est nécessaire que la *propriété* soit **transmissible:**

1° par *échange* ; sans cela, elle perdrait la plus grande partie de son utilité ; — 2° par *succession* ou par *testament*, car l'homme travaille souvent dans l'intérêt de ses enfants ou de sa famille autant et plus que dans son intérêt propre.

15. Peut-on obtenir la *propriété des agents naturels ?*

Oui, on peut obtenir la propriété des agents naturels, et en particulier, du plus important d'entre eux, la *terre.*

16. Comment le propriétaire d'une certaine étendue de terre peut-il en *tirer parti ?*

Il peut **tirer parti** de sa terre, soit en la *cultivant lui-même*, soit en la *donnant à fermage*, soit enfin en la *faisant cultiver* par des ouvriers.

17. Qu'entendez-vous par *fermage ?*

Le **fermage** ou *location* est la convention par laquelle le propriétaire d'une terre en cède l'exploitation à une autre personne, pour un temps déterminé, moyennant une redevance qui prend le nom de *rente* ou *loyer.*

18. Le fermage est-il *spécial* à la terre?

Le fermage n'est pas spécial à la terre : il peut s'appliquer aux *bâtiments*, aux *machines*, etc.

2° La grande et la petite culture.

19. Qu'entendez-vous par *grande* et par *petite culture ?*

La **grande culture** est celle qui s'exerce sur une

vaste étendue de terres d'un seul tenant, exploitée par un seul propriétaire ou par un seul fermier ; la **petite culture** est celle qui s'exerce sur des parcelles de terre isolées.

20. Quels sont les *avantages* de la grande culture?

La **grande culture** permet de *varier les assolements* et de mieux *utiliser les capitaux;* elle *facilite l'emploi des machines.*

21. Quels sont les *avantages* de la petite culture?

La **petite culture** rend le paysan *indépendant et libre;* elle exige moins de capital.

22. Doit-on *préférer* la grande ou la petite culture?

En principe, la **grande culture** doit être préférée à la **petite culture,** car elle permet de *produire davantage* à de moindres frais ; mais la **petite culture** a le grand mérite de créer une classe de cultivateurs laborieuse, intelligente et modérée.

23. N'y a-t-il pas un moyen de faire disparaître une partie des *inconvénients* de la petite culture?

Le moyen de faire disparaître une partie des *inconvénients* de la petite culture est de constituer des **associations agricoles** entre petits propriétaires, soit pour acheter des *machines agricoles*, soit pour exploiter leurs terres *en commun.*

3° Partage des produits.

24. Comment le capital *participe-t-il* à la production?

Le capital participe à la production en fournissant au travail le *sol*, les *matériaux* (pierre, fer, coton, laine, etc.), les *bâtiments*, les *machines*, l'*argent*.

25. Quelle *compensation* reçoit celui qui fournit le capital dans une entreprise?

Celui qui fournit le capital dans une entreprise reçoit d'abord un **intérêt**, c'est-à-dire une somme d'argent qu'il touche chaque année, et qui représente le *fermage* ou *loyer* de son capital ; il peut aussi avoir **une part** dans les *bénéfices* de l'entreprise.

26. Comment *se partagent* les produits d'une entreprise?

Les produits d'une entreprise se partagent entre:

1° Le **capital**, représenté soit par le *sol*, soit par les *matériaux*, soit par les *bâtiments*, soit par des *machines*, soit par de l'*argent;*

2° L'**entrepreneur**, c'est-à-dire celui qui dirige l'entreprise ;

3° Le **travail.**

27. Comment *se nomment* ces différentes parts de produit?

La part du *capital* s'appelle **loyer** ou **intérêt;**

La part de l'*entrepreneur* s'appelle **profit** ou **bénéfice ;**

La part de l'*ouvrier* s'appelle **salaire.**

28. Quelle *différence essentielle* y a-t-il entre le *loyer* ou *intérêt*, le *salaire* et le *profit*?

C'est que le **loyer** ou **intérêt** et le **salaire** sont *fixés d'avance* à un chiffre déterminé, tandis que le **profit** est essentiellement *variable*.

RÉSUMÉ

1. La **propriété individuelle** est transmissible par *échange*, par *succession*, par *libéralité*.

2. Le propriétaire d'une terre peut en tirer parti : soit en la cultivant *lui-même*, soit en la faisant cultiver par des *ouvriers*, soit en la donnant à *fermage*.

3. La **grande culture** s'exerce sur une vaste étendue d'un seul tenant; elle permet une exploitation plus économique.

4. La **petite culture** s'exerce sur des parcelles de terre isolées; elle crée une classe de cultivateurs laborieuse, intelligente et modérée.

5. Les **produits** d'une entreprise se partagent entre le *capital*, l'*entrepreneur* et le *travail*.

6. Ces trois parts se nomment respectivement *loyer* ou *intérêt*, *profit* ou *bénéfice*, *salaire*.

III. — DE LA CIRCULATION DES RICHESSES

1° La monnaie.

29. Comment *estime-t-on* généralement la valeur d'un produit?

On **estime** généralement la valeur d'un produit au moyen de la *monnaie*.

30. Comment la monnaie *facilite-t-elle* les échanges?

La **monnaie** facilite les échanges, parce que chacun échange ses *produits* contre une certaine *quantité de* *monnaie*. Réciproquement, chacun, quand il le désire, échange sa *monnaie* contre les *produits* dont il a besoin.

31. Quelles sont les matières actuellement employées pour la monnaie ?

Ce sont l'**or** et l'**argent**.

32. Quelle est la *valeur comparative* de l'or et de l'argent ?

Au point de vue monétaire, on admet que l'or **vaut 15 fois 1/2** l'argent ; mais, en réalité, la différence entre l'or et l'argent est essentiellement variable.

33. Quelles sont les causes de cette variation dans la valeur comparative de l'or et de l'argent ?

L'or et l'argent sont *extraits des mines :* plus la production d'un des deux métaux est **considérable**, plus sa valeur **diminue**.

34. Comment appelle-t-on le système qui consiste à employer *deux métaux* comme monnaie ?

Ce système s'appelle **bimétallisme** ; du mot latin *bis* (double) et du mot *métal*.

35. N'y a-t-il pas un *autre système monétaire* que le bimétallisme ?

Il y a un autre système monétaire, qui consiste à employer comme monnaie un seul métal, l'or ou l'argent ; c'est le système du **monométallisme**, du mot grec *monos* (seul, unique).

36. N'y a-t-il pas d'*autres monnaies* que les monnaies d'or et d'argent ?

Il y a d'autres monnaies que les monnaies d'or et d'argent ; ce sont la **monnaie de billon** et la **monnaie de papier**.

37. Qu'est-ce que la *monnaie de billon ?*

La **monnaie de billon** est faite avec un métal de faible valeur (cuivre, nickel) et, aux termes de la loi, elle ne peut servir que comme *appoint ;* elle a un caractère tout à fait conventionnel.

38. Qu'est-ce que la *monnaie de papier ?*

La **monnaie de papier** (billet de banque) est un des moyens que nous fournit le *crédit* pour remplacer la monnaie métallique.

RÉSUMÉ

1. La **monnaie** sert à évaluer la valeur des produits et facilite les échanges.

2. Il y a quatre sortes de monnaies : les monnaies d'*or*, d'*argent*, de *billon* et de *papier*.

3. Le **bimétallisme** est le système qui emploie les *deux* monnaies d'or et d'argent ; le **monométallisme** est le système qui emploie l'*une* de ces deux monnaies seulement.

2° Le crédit.

39. Qu'est-ce que le *crédit ?*

Une personne est mise en possession de choses *qui ne lui appartiennent pas*, à la condition de les *restituer* ou d'en *payer la valeur* **dans un certain délai** : c'est ce qu'on appelle le **crédit**.

40. Y a-t-il *plusieurs sortes de crédits?*

Il y a *deux* sortes de crédits : le *crédit* **personnel** et le *crédit* **réel**.

41. Quelle *différence* y a-t-il entre le crédit *personnel* et le crédit *réel ?*

Le **crédit personnel** est fondé sur la *confiance* qu'inspire la personne qui emprunte ; le **crédit réel** l'est, au contraire, sur la *valeur des objets* que l'emprunteur livre comme **gage** à son prêteur.

a. CRÉDIT PERSONNEL

42. Comment le crédit peut-il *remplacer le numéraire?*

Le *crédit* peut **remplacer le numéraire** à la condition que l'argent prêté soit représenté par une obligation qui puisse **circuler** de main en main, comme le numéraire. Cette obligation est ce que l'on appelle *billet à ordre*, *traite*, *lettre de change*, ou, d'une façon générale, **billet négociable**.

43. Qu'est-ce qu'un *billet négociable ?*

Le **billet négociable** est une obligation mentionnant la *somme due* ainsi que l'*endroit* et la *date* auxquels elle doit être payée.

Le billet négociable peut être cédé à un tiers par une simple note inscrite généralement **au dos du** billet, d'où le nom d'*endossement* donné à un transport de ce genre.

44. Qu'est-ce que l'*escompte?*

L'**escompte** est la somme que *retient* celui qui donne du numéraire en échange d'un billet négociable. L'escompte représente le *loyer* ou *intérêt* de ce numéraire jusqu'au jour où le billet sera payé, c'est-à-dire jusqu'à l'*échéance*.

45. Quelle est la condition essentielle pour qu'un billet soit *négociable?*

La condition essentielle pour qu'un billet soit **négociable**, c'est qu'il contienne la clause : *A ordre*, qui est ainsi conçue : Je payerai à M. X... (le créancier), « *ou à son ordre* », la somme de...

46. Quelle est la *différence* entre le *billet à ordre*, la *traite* et la *lettre de change ?*

Le **billet à ordre** est un *engagement de payer* souscrit par le débiteur au profit de son créancier.

La **traite** est l'*invitation* faite par le créancier à son débiteur de payer la somme due.

La **lettre de change** se distingue de la traite en ce qu'elle sert généralement aux échanges internationaux.

La traite et la lettre de change n'ont toute leur valeur qu'après avoir été *acceptées* par le débiteur.

47. Quelle différence y a-t-il entre le paiement en *argent* et le paiement en *billets négociables.*

Le paiement en argent **liquide** une affaire d'une

façon définitive; le paiement en billets négociables **ne** produit le même effet que le jour où les billets **ont été payés**.

48. N'y a-t-il pas un moyen de faire disparaître cette différence ?

On peut faire disparaître cette différence en remplaçant les billets à ordre et les traites ordinaires par des *billets* **payables au porteur et à vue**, de façon qu'on puisse les transformer à tout instant en numéraire.

49. Quels sont les billets qui peuvent remplir ces conditions ?

Ce sont les **billets de banque**.

50. Qu'est-ce qu'*une banque ?*

Une **banque** est un établissement qui effectue, pour le compte d'autrui, des *recettes* et des *paiements;* qui *négocie* des lettres de change, des billets à ordre, des actions et des obligations d'entreprises industrielles, etc.

Une banque peut *émettre des billets* payables au porteur et à vue, si elle inspire une confiance suffisante. Dans notre pays, la **Banque de France** est seule autorisée à en émettre.

51. Qu'est-ce que la *Banque de France ?*

La **Banque de France** fut créée le 13 février 1800, pour faire toutes les opérations de banque : elle était assurée de la clientèle de l'État. Le 14 avril 1803, elle reçut le privilège exclusif d'émettre des **billets de**

banque. Elle a à sa tête un gouverneur dont la nomination appartient à l'État.

52. Qu'est-ce qu'un *chèque ?*

Le **chèque** est un *ordre écrit* que vous donnez en paiement à un créancier, et qui est payé par une banque où vous avez des fonds déposés.

b. CRÉDIT RÉEL

53. Y a-t-il des établissements fondés sur le *crédit réel ?*

Il y a des établissements fondés exclusivement sur le **crédit réel :** les *banques foncières*, les *banques d'avances sur titres*, les *monts-de-piété*, les *magasins généraux.*

54. Qu'est-ce qu'une *banque foncière ?*

Une **banque foncière** est une banque qui prête de de l'argent sur *hypothèques* aux propriétaires d'immeubles. Le Crédit foncier est une banque foncière.

55. Qu'est-ce qu'une *banque d'avances sur titres ?*

Une **banque d'avances sur titres** fait des prêts d'argent contre la remise de *titres* (actions ou obligations) suffisants pour assurer la restitution des prêts.

56. Qu'est-ce qu'un *Mont-de-piété ?*

Le **Mont-de-piété** est un établissement que le gouvernement autorise à prêter, sans formalités, de l'argent aux personnes qui lui remettent en **gage** un *objet mobilier;* cet objet est rendu quand l'emprunt est remboursé.

57. Qu'est-ce que les *magasins généraux* ?

Les **magasins généraux** sont des établissements où l'on peut déposer des marchandises qui serviront de **gages** à des emprunts ultérieurs. Les dépôts sont constatés par des certificats appelés *warrants*, qui peuvent être négociés.

c. CRÉDIT PUBLIC

58. Qu'est-ce que le *crédit public?*

Le **crédit public** est le crédit accordé à l'*État.*

59. Dans quel but un État *se sert-il* de son crédit?

Un État se sert de son crédit pour **emprunter** les sommes qu'il ne peut demander à l'impôt annuel et dont il a besoin pour de grandes entreprises.

60. Qu'est-ce qu'une *conversion ?*

Quand l'État emprunte, le taux de l'intérêt qu'il promet à ses créanciers *varie* suivant la **confiance** qu'il inspire ; si cette *confiance augmente*, il peut emprunter à un **taux moindre**, et alors il propose à ses anciens créanciers de leur servir un intérêt moins élevé ; si ceux-ci refusent, l'État les **rembourse** avec l'argent qu'il emprunte au taux réduit.

Cette modification dans le *taux* de l'intérêt constitue ce qu'on appelle une **conversion**.

61. Qu'est-ce que l'*amortissement?*

L'amortissement est le remboursement d'une dette par *annuités*.

62. Qu'est-ce que la *Bourse?*

La **Bourse** est un endroit où a lieu la *négociation* (achat ou vente) des fonds d'État et des autres valeurs mobilières; cette négociation se fait par l'intermédiaire de fonctionnaires spéciaux nommés **agents de change**.

Il est tenu note des prix auxquels ont lieu les ventes d'une journée; le relevé de ces prix s'appelle la *cote de la Bourse*.

63. N'existe-t-il qu'une seule espèce de Bourse?

En dehors de la *Bourse des valeurs*, il existe une *Bourse de commerce*, où des courtiers négocient les différentes marchandises qui arrivent sur le marché; ils arrêtent également chaque jour une *cote officielle* des prix de vente.

RÉSUMÉ

1. Le **crédit personnel** repose sur la *confiance* qu'inspire l'emprunteur; le **crédit réel** repose sur la valeur du *gage* que l'emprunteur offre au prêteur.

2. Le **billet négociable** est

une obligation indiquant la *somme due* ainsi que l'*endroit* et la *date* du paiement; il est *transmissible* par endossement et moyennant escompte.

3. Le **billet de banque** est un billet émis par une banque et payable *au porteur et à vue.*

4. La *Banque de France* a seule, dans notre pays, le droit d'émettre de tels billets.

5. Les établissements fondés sur le **crédit réel** sont les *banques foncières*, les *banques d'avances sur titres*, les *monts-de-piété* et les *magasins généraux.*

6. Le **crédit public** est le crédit accordé à l'État. Suivant que l'État a plus ou moins de crédit, c'est-à-dire inspire plus ou moins de confiance, il emprunte à un taux d'intérêt plus ou moins élevé.

7. La **Bourse** est un endroit où a lieu la négociation des *valeurs mobilières* par l'intermédiaire des *agents de change.* Il y a aussi des *bourses de commerce* pour la vente des marchandises.

3° Le commerce.

64. Qu'est-ce que le *commerce?*

Le **commerce** est l'ensemble des opérations relatives au *transport* et à la *vente des marchandises.*

65. Combien y a-t-il de *sortes de commerce?*

Il y a deux sortes de commerce : le *commerce* **intérieur**, qui se fait dans les limites d'un pays ; le *commerce* **extérieur,** qui se fait entre un pays et les pays étrangers.

66. Qu'est-ce que la *balance du commerce?*

La **balance du commerce** est la différence entre les *importations* et les *exportations* d'un pays. Les importations sont les marchandises qui **entrent** dans le pays ; les exportations sont les marchandises qui en **sortent**.

67. Qu'est-ce que le *libre-échange ?*

Le **libre-échange**, ou *liberté commerciale*, est l'entrée dans un pays, **sans droits de douane,** des marchandises provenant des autres pays.

68. Qu'est-ce que le *système protecteur?*

Le **système protecteur,** contraire au système du *libre-échange*, établit à la frontière d'un pays des **droits de douane** sur les marchandises provenant des pays étrangers.

69. Quel est le *but* du système protecteur?

Le but du système protecteur est **d'empêcher** les marchandises étrangères de venir **faire concurrence** aux marchandises de même nature produites dans le pays.

70. Qu'est-ce que le *système compensateur?*

Le **système compensateur** est intermédiaire entre le *libre-échange* et le *système protecteur;* il consiste à frapper les marchandises étrangères de droits de douane tels que ces droits « compensent » seulement les **charges plus fortes** (impôts, main-d'œuvre) que supportent les producteurs du pays où ces marchandises sont importées.

71. Qu'est-ce qu'un *traité de commerce?*

C'est un **traité** par lequel deux nations consentent à *fixer*, pour un temps plus ou moins long, les *droits de douane* que chacune d'elles impose aux produits de l'autre. L'ensemble des droits de chaque pays constitue ce qu'on appelle un **tarif de douane.**

72. Combien y a-t-il de sortes de tarifs de douanes?

Il y a *trois sortes* de tarifs de douanes : le **tarif général**, le **tarif minimum** et le **tarif conventionnel.**

73. Qu'est-ce que le *tarif général?*

Le **tarif général**, qu'on appelle aussi *tarif maximum*, est celui qui comprend les droits *les plus élevés*. On l'applique aux pays avec lesquels *il n'existe point* de traité de commerce.

74. Qu'est-ce que le *tarif minimum?*

Le **tarif minimum** est celui qui comprend les droits *les plus faibles*. Ces droits sont déterminés par la situation plus ou moins prospère de l'agriculture et de l'industrie du pays.

75. Qu'est-ce que le *tarif conventionnel?*

Le **tarif conventionnel** est celui qui comprend les droits accordés à certains pays par « conventions » spéciales. Ces droits ne peuvent être ni *supérieurs* à ceux du tarif général, ni *inférieurs* à ceux du tarif minimum.

76. Qu'est-ce que la *clause de la nation la plus favorisée?*

C'est une clause aux termes de laquelle chacune des deux nations qui signent un traité de commerce s'engage à **faire profiter** l'autre de toute *diminution* de droits de douane qu'elle accorderait par la suite à un autre pays.

77. Qu'est-ce qu'un *entrepôt?*

Un **entrepôt** est un magasin soumis à la surveillance de l'administration, dans lequel des marchandises **étrangères** peuvent être admises à *séjourner momentanément sans payer les droits de douane.*

78. A quel moment les marchandises « entreposées » acquittent-elles les droits de douane?

Les marchandises « entreposées » acquittent les droits de douane quand elles *sortent* de l'entrepôt pour être introduites **définitivement** dans le pays.

79. Qu'est-ce que l'*admission temporaire?*

L'admission temporaire est destinée à favoriser l'*industrie nationale.*

Elle consiste à **ne pas faire payer** de droits de douane aux *matières premières* provenant de l'étranger, lorsque ces matières premières doivent être transformées en *produits manufacturés* destinés à l'**exportation**.

80. Qu'est-ce que le *drawback?*

Le **drawback** diffère de l'*admission temporaire* en ce que les droits de douane *sont perçus* effectivement à l'entrée des matières premières, mais sont *remboursés* à la sortie des produits manufacturés.

RÉSUMÉ

1. Le **commerce** est l'ensemble des opérations relatives au *transport* et à la *vente* des marchandises ; il y a deux sortes de commerce : le *commerce extérieur* et le *commerce intérieur*.

2. La **balance du commerce** est la différence entre les *importations* et les *exportations* d'un pays.

3. Quand un pays laisse entrer *librement* les marchandises venant de l'étranger, on dit qu'il pratique le **libre-échange** ; s'il frappe les marchandises de *droits de douane*, on dit qu'il applique le **système protecteur** ou le **système compensateur**.

4. Il y a trois sortes de **tarifs de douane** : le tarif *maximum*, le tarif *minimum* et le tarif **conventionnel** ; celui-ci résulte des **traités de commerce**.

5. Pour favoriser les industries d'*exportation*, on leur accorde le bénéfice de l'**admission temporaire** et du **drawback**.

IV. — DE LA CONSOMMATION DES RICHESSES

81. De quelle manière a lieu la *consommation des richesses ?*

La **consommation des richesses** s'opère de plusieurs façons : 1° par la *consommation* proprement dite ; 2° par l'*échange* ; 3° par l'*épargne*.

82. Comment l'État *pourvoit-il à ses dépenses ?*

L'État pourvoit à ses dépenses par l'**impôt** et par l'**emprunt**.

83. Qu'est-ce que l'*impôt ?*

L'**impôt** est la quote-part que chacun doit payer pour subvenir aux *dépenses publiques*.

84. Quel est le *meilleur impôt?*

Le *meilleur* impôt, en théorie, est un impôt qui serait **exactement proportionné** aux ressources de chacun.

85: Quels sont les impôts qui *se rapprocheraient le plus* du « meilleur » impôt ?

Il y en a deux : l'*impôt sur le* **revenu** et l'*impôt sur le* **capital;** mais, jusqu'à présent, on n'a pu mettre en pratique ces deux impôts en raison des difficultés d'application qu'ils présentent.

86. Qu'est-ce que l'*impôt progressif?*

L'**impôt progressif** consiste à ne pas seulement percevoir la part de chacun en proportion de ses ressources, mais à **augmenter la proportion** à mesure que ces ressources deviennent plus fortes.

87. L'application de l'impôt progressif n'offrirait-elle pas certains *inconvénients ?*

On ne pourrait appliquer l'impôt progressif que dans une mesure **très modérée**; l'appliquer d'une façon mathématique serait **décourager** le *travail* et l'*épargne* au profit de ceux qui ne travaillent pas ou qui n'épargnent pas.

88. Qu'est-ce que le *luxe?*

En théorie, le **luxe** est une consommation de richesses faite inutilement.

89. Le luxe est-il *condamnable ?*

Le *luxe* est **condamné** par les moralistes et par certains économistes; d'autres, au contraire, soutiennent que le luxe **favorise la production** et doit, par conséquent, être encouragé dans une certaine mesure.

RÉSUMÉ

1. L'**impôt** est la quote-part que *chacun* doit payer pour subvenir aux *dépenses publiques*.

2. En principe, l'impôt sur le **capital** et l'impôt sur le **revenu** sont les plus équitables; mais ils présentent des difficultés d'application.

3. L'**impôt progressif** est celui dont la proportion aux ressources du contribuable *croît* avec ces ressources; il ne doit être appliqué qu'avec modération.

V. — ÉCONOMIE SOCIALE

90. Quel est le *but* de l'économie sociale?

L'**économie sociale** a pour *but* de rechercher quelles sont les *réformes* qui pourraient améliorer la société actuelle, de manière à la rapprocher de la *société idéale*, où tout se passerait conformément aux grands principes de **liberté** et de **justice**.

91. L'économie sociale peut-elle réaliser *tout d'un coup* ces réformes?

L'économie sociale tenterait là une œuvre impossible; elle doit se contenter d'attaquer **un à un** les *abus* qui existent et saisir, **à mesure qu'elles se pré-**

sentent, les occasions d'*améliorer le sort* de ceux qui travaillent et qui souffrent.

92. Quelle est la *principale réforme* que l'on doive actuellement poursuivre?

La principale réforme, et en même temps la plus difficile à accomplir, est la *réglementation équitable* des rapports entre le **travail** et le **capital.**

93. Comment peut-on arriver à la réglementation des *rapports* entre le travail et le capital?

On peut arriver à la réglementation des rapports entre le *travail* et le *capital :*

1° En accordant au travail un **salaire légitime** ;

2° En donnant au capital son **intérêt;**

3° En **partageant équitablement** entre le travail et le capital les *profits* dus à la réunion de leurs forces.

94. Quelles *conditions* doit remplir le salaire?

En théorie, le salaire devrait permettre à l'ouvrier de **satisfaire à tous ses besoins;** dans la pratique, il n'en est pas ainsi, puisque le salaire est essentiellement variable.

95. D'où proviennent les variations du salaire?

Les *variations* du salaire proviennent surtout de la loi **de l'offre et de la demande :** s'il y a beaucoup d'ouvriers et peu de travail, les ouvriers diminuent leurs prétentions dans l'espoir d'être embauchés de préférence aux autres. Le contraire arrive lorsqu'il y a beaucoup de travail et peu d'ouvriers.

96. Les ouvriers ont-ils un *moyen* d'obtenir une augmentation de leur salaire quand ils le trouvent insuffisant ?

Les ouvriers ont la **coalition** et la **grève.**

La *coalition* est le concert établi entre les ouvriers d'un même atelier ou d'une même industrie pour réclamer de leurs patrons une augmentation de salaire ; si cette augmentation leur est refusée, ils se mettent en *grève*, c'est-à-dire qu'ils cessent de travailler.

97. La coalition et la grève sont-elles des *moyens légitimes?*

La coalition et la grève sont **légitimes**, et les ouvriers qui y ont recours ne font qu'*user de leur liberté ;* mais il faut qu'à leur tour, au nom de la **liberté du travail**, ils *respectent la liberté* des ouvriers qui veulent continuer à travailler.

98. La coalition et la grève sont-elles *autorisées par la loi?*

La *coalition* et la *grève* étaient interdites autrefois ; elles sont autorisées aujourd'hui, et c'est là un **progrès incontestable** ; mais la loi punit toute *atteinte* à la liberté du travail.

99. Les *patrons* ont-ils des droits correspondants?

Les *patrons* peuvent se coaliser pour diminuer les salaires, s'ils les trouvent trop élevés ; ils peuvent aussi s'entendre pour fermer leurs ateliers, si les ouvriers n'acceptent pas la diminution de salaire proposée.

100. Qu'est-ce qu'un *syndicat ouvrier?*

Un **syndicat ouvrier** est une association permanente d'ouvriers ayant la même profession, et réunis pour la *défense de leurs intérêts.*

101. Quelle est la *mission* des syndicats ouvriers?

La mission des **syndicats ouvriers** est de défendre les intérêts de leurs membres, de développer les idées de mutualité, et de mettre le *travail* sur un pied d'égalité avec le *capital.*

102. Qu'est-ce que la *mutualité?*

La **mutualité** est l'association d'un certain nombre de personnes qui, moyennant l'accomplissement de certaines conditions, s'assurent réciproquement des **ressources** en cas de *maladie*, d'*infirmité* ou de *vieillesse.*

103. La mutualité doit-elle être encouragée?

La *mutualité doit être encouragée* sous toutes ses formes. Les **sociétés de secours mutuels**, en particulier, doivent être développées par tous les moyens possibles.

104. Qu'est-ce qu'une *société coopérative ?*

Une **société coopérative** est une association de personnes réunies soit pour se procurer à meilleur marché les *objets de consommation* (sociétés de consommation), soit pour *produire des marchandises* dans de meilleures conditions (sociétés de production).

Les sociétés de consommation achètent directement aux *producteurs* et les sociétés de production vendent directement aux *consommateurs*, ce qui, dans les deux cas, supprime les intermédiaires.

105. Les sociétés coopératives sont elles *utiles?*

Les sociétés coopératives sont très utiles. Comme **sociétés de consommation**, elles permettent à leurs membres de *vivre mieux* en dépensant moins; comme **sociétés de production**, elles *diminuent les frais généraux* de manière à fournir les produits à meilleur marché aux consommateurs.

106. Qu'entend-on par *droit au travail?*

Dans une société bien organisée, tout membre devrait pouvoir, **en échange de son travail**, obtenir les moyens de vivre et de faire vivre sa famille ; malheureusement, nous sommes encore loin de cet idéal.

107. Doit-il y avoir des *retraites pour la vieillesse?*

Oui, il devrait y avoir des **retraites** pour la vieillesse. Tout travailleur qui, pendant de longues années, a gagné sa vie par son labeur, qui a élevé une famille, a, par cela même, **rendu service** à la société, et a le *droit* de réclamer des moyens d'existence pour ses vieux jours.

108. Comment peut-on *arriver à instituer* les retraites pour la vieillesse?

On peut instituer les retraites pour la vieillesse par divers moyens :

par le **développement de la mutualité;**

par l'**assurance obligatoire;**
par une **retenue** prélevée *sur le salaire* de l'ouvrier;
par une **cotisation des patrons;**
par une **libéralité de l'État.**

109. Comment pourrait *fonctionner* l'assurance obligatoire?

L'**assurance obligatoire** pourrait fonctionner moyennant le versement d'une *prime annuelle* soit à l'État, soit à une Compagnie d'assurances. Grâce au paiement de cette prime pendant un certain nombre d'années, l'ouvrier assuré aurait droit à une **pension viagère**.

110. Par qui la prime pourrait-elle être payée ?

La prime pourrait être payée, dans une proportion à déterminer, par l'*État*, par les *patrons* et par les *ouvriers*.

111. L'assurance obligatoire *est-elle pratiquée* ?

L'assurance obligatoire est pratiquée en Allemagne, mais, en France, nous n'avons encore que l'assurance facultative.

112. Sous quelle *forme* pratique-t-on l'assurance en France?

En France, l'assurance se pratique sous la forme d'un contrat entre l'*assuré* et une **Compagnie d'assurances.** Moyennant le paiement d'une prime annuelle, un père de famille peut assurer à sa femme et à ses enfants un capital qui leur sera versé au moment de son décès.

Le fait de « s'assurer sur la vie » est, de la part d'un

chef de famille, un acte de sage prévoyance qui ne saurait être trop recommandé.

113. Doit-on établir l'*égalité des salaires?*

L'**égalité des salaires** n'est pas plus naturelle que l'égalité des *intelligences* ou des *aptitudes ;* donner le même salaire à des ouvriers de capacité différente, c'est *décourager* l'ouvrier plus intelligent.

114. Qu'entend-on par la *journée de* 8 *heures?*

Un grand nombre d'associations ouvrières demandent que les ouvriers ne *travaillent* plus que **huit heures,** ayant ainsi **huit heures** pour *le sommeil* et **huit heures** à employer selon leurs *convenances personnelles*.

115. La journée de 8 heures peut-elle être *réalisée?*

La **journée de huit heures** ne saurait être réclamée pour certaines professions qui exigent une continuité d'efforts, telles que l'*agriculture* et la *navigation*. Mais pour l'*industrie*, on peut admettre que la journée de travail pourra être réduite à huit heures par les progrès de l'industrie.

116. La journée de 8 heures peut-elle *être acceptée?*

La journée de huit heures pourra être acceptée pour l'industrie, mais il sera indispensable alors qu'elle fasse l'objet d'une **réglementation internationale,** de manière à ce qu'elle soit pratiquée chez *toutes les nations*, qui se trouveront ainsi sur un **pied d'égalité.**

117. La journée de 8 heures s'appliquerait-elle à *tous les ouvriers?*

La journée de huit heures s'appliquerait à tous les ouvriers travaillant dans des *ateliers*, dans des *usines*; l'ouvrier qui travaille *chez lui* resterait toujours libre de **travailler autant qu'il voudrait.**

RÉSUMÉ

1. L'**économie sociale** a pour but d'étudier les *réformes* qui peuvent améliorer la société actuelle.

2. La plus urgente de ces réformes est la réglementation équitable des rapports entre le **travail** et le **capital**.

3. Le **salaire** subit d'incessantes variations qui obéissent à la loi de l'*offre* et de la *demande*.

4. Pour obtenir l'augmentation d'un salaire insuffisant, les ouvriers peuvent avoir recours à la **coalition** et à la **grève**.

5. Un **syndicat ouvrier** est une association permanente d'ouvriers réunis pour la *défense de leurs intérêts*.

6. Il faut encourager le développement des **sociétés de secours mutuels** et des **sociétés coopératives** tant de consommation que de production, car elles améliorent la condition des travailleurs.

7. Il doit y avoir des **retraites pour la vieillesse**, car tout homme qui a travaillé a par cela même rendu service à la société.

8. L'*égalité des salaires* est une **injustice**.

9. La journée de travail de **huit heures**, qui sera peut-être adoptée un jour à la suite d'une entente internationale, partage la journée en trois parties : 8 heures pour le **travail**, 8 heures pour le **sommeil** et 8 heures de **loisir**.

SUJETS DE RÉDACTION

I. — L'ÉCONOMIE POLITIQUE

1. L'Économie politique. — SOMMAIRE. — **1.** But de l'économie politique. — **2.** Les richesses. — **3.** Utilité de l'économie politique. — **4.** Les principaux économistes.

2. La production des richesses. — SOMMAIRE. — **1.** La production. — **2.** Les agents naturels. — **3.** Le travail. — **4.** Le capital.

3. Le travail. — SOMMAIRE. — **1.** Importance du travail. — **2.** Le travail direct. Les machines. — **3.** Le salaire.

4. Le capital. — SOMMAIRE. — **1.** Le capital. — **2.** Capital fixe; capital circulant. — **3.** Capital matériel; capital immatériel.

II. — DE LA DISTRIBUTION DES RICHESSES

5. La distribution des richesses. — SOMMAIRE. — **1.** La distribution des richesses. — **2.** Fermage, salaire, intérêt. — **3.** Le bénéfice.

6. La propriété. — SOMMAIRE. — **1.** La propriété individuelle. — **2.** La propriété transmissible. — **3.** Quel profit on tire d'une propriété.

7. Le fermage ou loyer. — SOMMAIRE. — **1.** Exploitation de la propriété. — **2.** Fermage et métayage. — **3.** Loyer.

8. L'intérêt. — Sommaire. — 1. L'intérêt. — 2. Fixation du taux de l'intérêt. — 3. L'usure.

9. Grande et petite culture. — Sommaire. — 1. La grande et la petite culture. — 2. Avantages de la grande culture. — 3. Avantages de la petite culture.

10. Le partage des produits. — Sommaire. — 1. Travail, capital, propriété. — 2. Partage des produits entre le travail et le capital. — 3. La part de l'entreprise.

11. La participation aux bénéfices. — Sommaire. — 1. Le travail et le capital. — 2. Partage des bénéfices. — 3. Dans quelle proportion.

III. — DE LA CIRCULATION DES RICHESSES

12. De la circulation des richesses. — Sommaire. — 1. La variété des besoins. — 2. L'échange. — 3. La monnaie.

13. L'échange. — Sommaire. — 1. L'échange. — 2. Avantages de l'échange. — 3. La monnaie.

14. La monnaie. — Sommaire. — 1. Nécessité de la monnaie. — 2. Son emploi. — 3. Quelles conditions elle doit remplir.

15. — Le bimétallisme. — Sommaire. — 1. Quelles conditions doit remplir une bonne monnaie. — 2. Le bimétallisme. — 3. Ses inconvénients.

16. Le monométallisme. — Sommaire. — 1. Quelles conditions doit remplir une bonne monnaie. — 2. Le monométallisme. — 3. Ses inconvénients.

17. Le crédit personnel. — Sommaire. — 1. Le crédit. — 2. Le crédit personnel. — 3. Différence entre la monnaie et le crédit.

18. Le billet négociable. — Sommaire. — 1. Le billet négociable. — 2. Différentes sortes de billets négociables. — 3. L'escompte.

19. Le crédit et la monnaie. — SOMMAIRE. — 1. Le crédit et la monnaie. — 2. La différence qui existe entre eux. — 3. Circulation des billets négociables.

20. Le billet de banque. — SOMMAIRE. — 1. Les billets négociables. — 2. Ils ne remplacent pas complètement la monnaie. — 3. Le billet de banque.

21. Les banques. — SOMMAIRE. — 1. Les banques proprement dites. — 2. La Banque de France. — 3. Les banques foncières et d'avances sur titres.

22. Le crédit réel. — SOMMAIRE. — 1. Le crédit. — 2. Le crédit réel. — 3. Etablissements fondés sur le crédit réel.

23. Le crédit public. — SOMMAIRE. — 1. Le crédit public. — 2. Son utilité. — 3. Comment il se mesure.

24. Amortissement et conversion. — SOMMAIRE. — 1. La dette amortissable. — 2. La dette perpétuelle. — 3. La conversion.

25. La Bourse. — SOMMAIRE. — 1. La Bourse. — 2. La cote. — 3. La Bourse du commerce.

26. Le commerce. — SOMMAIRE. — 1. Le commerce. — 2. Exportations et importations. — 3. La balance du commerce.

27. Le change. — SOMMAIRE. — 1. Le commerce extérieur. — 2. La lettre de change. — 3. Le change.

28. Le libre-échange. — SOMMAIRE. — 1. Le libre-échange. — 2. Ses avantages. — 3. Ses inconvénients.

29. Le système protecteur. — SOMMAIRE. — 1. Le libre-échange. — 2. Dangers de la concurrence étrangère. — 3. Le système protecteur.

30. Le système compensateur. — SOMMAIRE. — 1. Différences dans les conditions de la production. — 5. Libre-échange et protection. — 3. Le système compensateur.

31. Les droits de douane. — SOMMAIRE. — 1. Deux sortes d'importations. — 2. Les matières premières. — 3. Difficulté de déterminer certains droits de douane.

32. Les traités de commerce. — Sommaire. — 1. Inconvénient des tarifs de douane. — 2. Traités de commerce. — 3. La clause de la nation la plus favorisée.

33. Les tarifs de douane. — Sommaire. — 1. Le tarif général. — 2. Le tarif conventionnel. — 3. Le tarif minimum.

34. L'entrepôt. — Sommaire. — 1. L'entrepôt. — 2. La sortie de l'entrepôt. — 3. Avantages de l'entrepôt.

35. L'admission temporaire. — Sommaire. — 1. Les droits de douane et l'exportation. — 2. La concurrence à l'étranger. — 3. L'admission temporaire. — 4. Le drawback.

IV. — DE LA CONSOMMATION DES RICHESSES

36. La consommation des richesses. — Sommaire. — 1. La consommation des richesses. — 2. Les dépenses publiques et privées. — 3. Elles ont une règle commune. — 4. Comment l'on pourvoit aux dépenses publiques.

37. L'impôt. — Sommaire. — 1. Les dépenses de l'État. — 2. L'impôt. — 3. Différentes sortes d'impôts.

38. L'emprunt public. — Sommaire. — 1. Les emprunts. — 2. La rente. — 3. La conversion.

V. — ÉCONOMIE SOCIALE

39. L'économie sociale. — Sommaire. — 1. L'économie sociale. — 2. Les réformes progressives. — 3. Rapports du capital et du travail.

40. Le salaire. — Sommaire. — 1. Le salaire. — 2. Comment on détermine le salaire. — 3. Loi de l'offre et de la demande.

41. La coalition et la grève. — Sommaire. — 1. Les droits des ouvriers : la coalition. — 2. La grève. — 3. Les droits des patrons.

42. Les syndicats professionnels. — SOMMAIRE. — **1.** Transformations de l'industrie.— **2.** Syndicats ouvriers. —**3.** Syndicats de patrons.

43. La mutualité. — SOMMAIRE. — **1.** La mutualité. —**2.** Ses avantages. — **3.** Les institutions qu'elle a créées.

44. Les sociétés coopératives. — SOMMAIRE. — **1.** La mutualité. — **2.** Les sociétés coopératives de consommation. — **3.** Les sociétés coopératives de production.

45. Le droit au travail. — SOMMAIRE. — **1.** Le droit au travail. En théorie. — **2.** Dans la pratique. — **3.** Conditions actuelles du travail.

46. Retraites pour la vieillesse. — SOMMAIRE. — **1.** Le vieux travailleur. — **2.** L'employé de l'État. — **3.** L'ouvrier.

47. L'égalité des salaires. — SOMMAIRE. — **1.** Le salaire. — **2.** L'égalité des salaires. — **3.** Elle est impossible.

48. La journée de huit heures. — SOMMAIRE. — **1.** Limitation de la durée du travail. — Réduction de cette durée. — **3.** La journée de huit heures.

TABLE DES MATIÈRES

Paris. — Imp. E. CAPIOMONT et Cie, rue des Poitevins, 6.

Paris. — Imp. E. CAPIOMONT et Cie, rue des Poitevins, 6.

www.ingramcontent.com/pod-product-compliance
Lightning Source LLC
LaVergne TN
LVHW050503160826
845677LV00003B/908